LE
DOSSIER
DE 93

PARIS. — IMPRIMERIE DE E. DONNAUD, RUE CASSETTE, 9.

DOCTEUR GRÉGQIRE

LE

DOSSIER

DE 93

PARIS

E. DENTU, ÉDITEUR

PALAIS-ROYAL, 17 ET 19, GALERIE D'ORLÉANS.

1869

INTRODUCTION

Si, au lendemain du 9 thermidor, on eût dit aux honnêtes gens de ce temps-là que, 75 ans plus tard, non-seulement la Terreur serait amnistiée, en France, mais qu'elle y trouverait des champions, des apôtres. . on les aurait bien étonnés !

C'est pourtant ce qui est arrivé. L'échafaud a trouvé des apologistes et Robespierre a trouvé des admirateurs et des disciples.

Des écrivains, — je ne dirai pas des plus sensés, mais des plus éminents, — plaident chaque jour la cause de dame Guillotine, avec un zèle, et, — il faut bien le dire, — avec un succès toujours croissants.

Puis, si vous êtes allés dans les réunions publiques, vous avez pu constater que le citoyen qui en est resté aux principes de 89 est considéré, dans ces sortes d'endroits, comme un réactionnaire, comme un aristocrate, et que « 93 est devenu l'HÉGIRE de la démocratie française. »

L'heure est donc venue de présenter cette époque au public sous son jour véritable, afin de lui apprendre à bien connaître les élèves, en lui montrant ce qu'étaient les maîtres et de lui faire préjuger, par le passé, du régime que nous aurions à subir le jour où le soin de nos destinées serait confié — aux voltigeurs de 93.

LE
DOSSIER
DE 93

On a dû être souvent frappé des façons si différentes, si opposées, dont le pays a jugé successivement la Révolution française et les hommes qui en ont couronné les sommets.

On a pu constater d'abord, par la lecture des mémoires du temps, l'indignation, le dégoût, l'horreur que les excès de la Révolution ont soulevés, non-seulement parmi les masses de cette époque, mais parmi les apôtres les plus ardents de la liberté, mais parmi les plus chauds partisans de la République : Les Mercier, les Daunou, — des conventionnels, — Pétion, Louvet, Dulaure, —des régicides, etc., — et, enfin, Camille Desmoulins lui-même !

Puis, à mesure que le temps a fait la Révolution plus lointaine, on a pu remarquer, au contraire, l'indulgence, la complaisance même avec lesquelles on en est venu à traiter ses fautes et ses crimes, pour ne se souvenir que de ses bienfaits.

Il y a, dans l'observation de ce dernier fait un symptôme à la fois bizarre et funeste, qu'il me paraît grand temps de combattre dans l'intérêt de l'avenir. Car la première condition pour qu'un abus ait moins de chance de se reproduire, c'est qu'il soit bien reconnu comme tel.

A quelles causes faut-il attribuer le phénomène étrange que je viens de signaler (c'est-à-dire tant de clairvoyance pour le bien et tant d'aveuglement pour le mal) ?

A l'égoïsme ou à l'ignorance, d'abord. — N'ayant été ni la victime, ni même le témoin des événements, notre génération n'a eu ni à en souffrir, ni à en gémir, et c'est à peine si elle les connaît.

Les ouvrages écrits sur la Révolution sont, les uns trop longs, — comme celui de M. Thiers, — les autres trop courts, — comme celui de M. Mignet. Et la plupart manquent de franchise et de décision, — comme ceux de M. Mignet et de M. Thiers.

Les faits y sont bien relatés et bien jugés, — à mesure qu'ils se produisent; — mais, pour des raisons que je ne veux pas rechercher ici, dès qu'il s'agit d'en tirer les conclusions qu'ils ont fait pressentir et que l'on attend... les auteurs se tournent casaque à eux-mêmes.

Et, après avoir balayé de la boue, — depuis les journées de septembre jusqu'au 9 thermidor, — au lieu de jeter cette fange au tombereau, en fin de compte, les auteurs se mettent subitement à en faire de jolis petits tas, bien arrondis, bien propres, à la pétrir d'une main complaisante, et à en tirer — des statues!

Il est résulté de la lecture de ces œuvres,

1.

contradictoires et dissonnantes, que l'on n'entend plus, sur la Révolution, que des généralités confuses, des lieux communs, traduits par des phrases banales, stéréotypées, que l'on débite par paquets tout faits.

On parle des choses les plus distinctes, les plus opposées, en les confondant sans cesse les unes et les autres. Ainsi, l'on dit indifféremment : « 89 et 93, » en croyant dire absolument la même chose.

Et pourquoi cette confusion ? Parce qu'on ne sait déjà plus, de nos jours, qu'il y a eu deux Révolutions ; l'une, celle de 89, qui est la bonne et la vraie ; l'autre, celle de 93, qui est la fausse et la mauvaise.

89, c'est la raison, la justice et la lumière ; c'est le désintéressement et l'abnégation ; c'est la liberté et l'égalité.

93, c'est la démence et le chaos ; c'est l'anarchie et l'arbitraire ; c'est la soif du pouvoir et d'une vile popularité, poussée jusqu'à l'orgie ; c'est l'ambition des partis et l'orgueil individuel, poussés jusqu'au délire ; c'est enfin le despotisme le plus honteux et le plus abject qui ait jamais courbé le front d'un pays : la tyrannie de la populace.

Je sais que l'erreur, la routine ou la mauvaise foi prétendent justifier ces monstrueux excès ; mais on verra bientôt quelle est la valeur de leurs excuses.

89 et 93 étant pour moi, de par l'histoire, tels que je viens de les définir, il paraît impossible de confondre ces deux époques. On les confond, pourtant, — et souvent, et sans parti pris ; on les confonds, parce qu'on ne connaît pas assez, parce que souvent même on ne connaît pas du tout les *dates précises* et l'enchaînement des catastrophes.

Vidons un peu ces paquets tout faits, qu'on ne se donne même pas la peine d'ouvrir, et qui, pourtant, sont devenus des articles de foi, pour la plupart des citoyens.

Ils nous diront, d'abord (1er paquet) : « *que la révolution a été faite par le peuple contre la noblesse* » (ce qui est une erreur et

une impossibilité matérielle); « *et qu'il était*
» *bien juste que le peuple se vengeât des no-*
» *bles...* » (ce qui n'était pas juste du tout).

Nous ne prétendons pas dire que *toute* la
noblesse française ait éprouvé, un beau jour,
l'irrésistible besoin de faire litière de ses priviléges et de ses titres ; — surtout pour substituer à sa suprématie la suprématie de la
foule ; — mais nous répondrons que la révolution a été, sinon menée à fin, du moins com-
mencée par les *parlements*, par la *bourgeoisie*,
par le *bas clergé*, par *une partie de la noblesse*
et non par *le peuple* proprement dit.

L'histoire nous le démontre à chaque ligne.
Et, d'ailleurs, le simple raisonnement nous
apprendrait : que la révolution n'a *pu* être
conçue par le peuple, attendu qu'en 1789,
le peuple ne savait pas *lire*, et que ceux-là
seuls qui avaient *pu* lire les philosophes du
XVIIIe siècle, et s'éclairer à leurs idées, ont
pu lancer la révolution.

Maintenant, si l'on veut des faits, en voici :

Lors de la grande scission au sujet du vote par ordre ou par tête, la majorité du *clergé* vint se réunir au tiers-état au jeu de paume et rivalisa d'enthousiasme avec lui (20 juin 89).

Quelques jours après, 47 députés de la *noblesse* venaient *librement* se joindre à eux; puis, la noblesse *tout entière* fit cause commune avec le tiers-état, pour protester contre le renvoi de Necker, le ministre libéral et populaire.

Enfin, il n'est pas probable que ce furent des *vilains* qui renoncèrent à leurs *priviléges*, dans la fameuse nuit du 4 août !

Si donc la Noblesse n'était pas en avance, elle n'était pas non plus trop en retard sur l'ensemble du pays.

Si elle a rétrogradé par la suite, c'est qu'on a tenu si peu de compte de ses efforts, c'est qu'on lui a témoigné tant de défiance, c'est qu'on a exigé d'elle tant de vertus chimériques que, ne se sentant pas la force, — et sentant, d'ailleurs, l'inutilité d'être un ange, — elle est retombée, de tout son poids, dans la vulgarité humaine.

Mais n'eût-elle pas fait à son époque toutes les concessions qu'elle lui a faites, pourquoi se serait-on *vengé* de la Noblesse ?

Qu'on lui ait fait une guerre de principes, qu'on lui ait enlevé ses priviléges, ses titres, rien de mieux ; mais lui faire une guerre individuelle, pourquoi ?

Elle avait eu sa raison d'être, sa cause et son utilité ; elle avait répondu, jadis, à de certains besoins. Elle avait conquis ses titres à la pointe de sa lance, baptisé de son sang ses priviléges. D'ailleurs, elle ne s'était pas constituée toute seule ; une légalité relative avait présidé à sa formation, à son maintien ; le peuple lui-même l'avait reconnue, consacrée, tant qu'elle avait été l'épée et le bouclier du pays ; il l'avait subie, ensuite, en reconnaissance des services passés.

Elle pouvait avoir fait son temps ; je le veux bien, — je le veux, — mais quand un vieux cheval est devenu inutile et même onéreux, on le réforme, on ne le tue pas !

Sans exiger des masses une sagesse et une équité surhumaines, on est en droit d'exiger d'elles qu'avant de condamner un accusé, — même un coupable, — chacun se demande sincèrement, loyalement, ce qu'il aurait fait lui-même s'il eût été à la place et dans la situation de l'accusé.

Celui qui n'a rien peut trouver juste et doux de s'enrichir ; celui qui est en bas de s'élever ; mais il devrait se demander s'il est aussi doux pour celui qui possède et qui est au haut de l'échelle d'en descendre et de s'appauvrir, et si l'on jugerait les choses, d'un premier étage, comme on les juge, de son grenier.

Alors, le peuple pourrait toujours combattre pour la conquête ou le maintien de ses droits légitimes ; mais, une fois vainqueur, il ne demanderait pas de l'enthousiasme aux victimes, et il bornerait sa vengeance au simple exercice de ces droits.

Les déclamations contre la Noblesse sont donc de vaines complaintes qu'il n'est plus permis de chanter.

———

Je passe une foule de fables et de préjugés, d'une importance secondaire, pour arriver plus vite à des hérésies plus regrettables.

J'ai entendu dire, par des gens honnêtes et humains ; que dis-je ? j'ai lu dans la plupart des historiens (2ᵉ paquet.) : « *que la mort de* » *Louis XVI avait été, sans doute, une chose bien* » *pénible, — mais qu'en définitive, le roi avait* » *trahi son peuple ; que le mandataire avait violé* » *son mandat, et qu'enfin, sa mort avait été la* » *conséquence fatale de la situation et une cata-* » *strophe inévitable.* »

Certes, à lire le plaidoyer, si mal inspiré, de ses généreux défenseurs, on serait tenté de faire chorus avec le vulgaire... Mais si Louis XVI a été mal défendu et si la Convention l'a condamné, ce n'est pas une raison pour que la postérité le condamne aussi.

Comment! avocats malencontreux et routiniers, quand, à la faveur d'un éclair de lucidité, vous avez vu devant vous : « des accusateurs et non des juges!... » (ce sont vos propres paroles), vous avez pu défendre votre client comme des avocats ordinaires devant un tribunal régulier!...

Vous avez cherché à nier des faits qui, évidemment, avaient dû se produire ; et vous n'avez pas songé qu'en cas de preuve, votre énergie même à les repousser, comme des crimes, devenait la condamnation de l'accusé ?

Mais c'était de la démence!...

En admettant que Louis XVI pût être utilement défendu, vous ne pouviez, vous ne deviez le défendre que d'une seule façon : en prenant les choses de plus haut, en répondant à l'impudence par l'audace ; à l'accusation par l'accusation.

Il fallait avouer hautement que Louis XVI

avait, en effet, conspiré plus d'une fois contre
le nouveau régime ; mais il fallait dire pourquoi, comment, et à quelles extrémités ré-
duit !

Il fallait prouver que, chaque fois qu'il avait
fait franchement, loyalement, un pas en avant,
on l'avait contraint, à force d'exigences, à re-
culer vivement en arrière, sous peine, pour
la royauté (devenue légale en devenant con-
stitutionnelle), de tomber dans l'impuissance
en se laissant tomber dans le mépris.

Enfin, par l'énumération de tous ses griefs,
depuis son adhésion à la Constitution de 91,
jusqu'aux attentats du 20 juin et du 10 août
1792, il fallait prouver à ces accusateurs-
juges : que les trahisons, très-réelles, de Louis
Capet n'avaient jamais été, du moins, que la
suite et la conséquence des trahisons de l'Assemblée !

Certes, Louis XVI a tenté, souvent, d'é-
chapper à la révolution et de la combattre.
Mais quel autre, à sa place, eût agi autrement
que lui ?

D'abord, il était né roi, et roi absolu ; puis, comment aurait-il pu prévoir que cette « révolution » n'était pas une simple « révolte ? »

Pour le pouvoir, toute révolution, à sa naissance, n'est qu'un soulèvement, une émeute, qu'il est de son droit, qu'il est de son *devoir* de réprimer.

Ce n'est que quand la révolution est devenue un fait, que le pouvoir, désabusé, peut compter avec elle et entrer franchement dans le courant. C'est ce qu'a fait Louis XVI.

Mais quand il eut bien constaté que ses *droits* étaient des chimères et que ses *devoirs* seuls étaient des réalités ; que, si la loi lui avait accordé le *veto*, le peuple lui en défendait formellement l'exercice ;

Quand il eut acquis dix fois la preuve qu'il était devenu le *seul* citoyen de France que la loi ne protégeàt plus ; le seul qu'on eût le droit d'outrager et d'avilir *impunément (journée du 20 juin)* ; le seul, enfin, qui fût enchaîné à une Constitution, que les clubs, la commune, la populace et l'Assemblée elle-même violaient chaque jour à ses dépens...

Alors, il fit ce que chacun eût fait dans sa position : il essaya de briser un contrat *synallagmatique*, qui, n'obligeant plus qu'une seule des parties, devenait un contrat léonin.

Le fait même de sa mise en jugement était une violation flagrante de la Constitution de 91. Donc, la défense de Louis XVI devait faire appel, non pas à une légalité foulée aux pieds de part et d'autre, non pas même à l'*humanité* prise dans le sens de « *compassion* », mais à l'*humanité* signifiant : « *la nature humaine.* »

Elle devait reconnaître que le petit-fils de Louis XV n'était assurément pas un sansculotte — et qu'il s'en vantait ! mais qu'il pouvait se vanter aussi, étant données sa naissance et sa situation, d'avoir été, aux heures possibles, aussi bon et meilleur patriote que pas un !

Et que, s'il était au sein de la Convention

un seul homme qui eût agi, à sa place, autrement qu'il avait agi, que celui-là osât le jurer devant Dieu, et qu'alors il s'inclinerait humblement devant ce mortel privilégié et prononcerait lui-même son arrêt de mort !...

Certes, il y avait là quelques consciences faciles ; et plus d'un, sans doute, n'eût pas hésité à se mentir à lui-même. Mais face à face avec les autres, sentant peser, sur chacun, le regard de tous... le plus grand nombre eût courbé la tête et l'*homme* aurait récusé le *juge* ou du moins le bourreau.

Il est bien certain que la personne du roi était devenue gênante ; mais, étant connues les forces humaines, considérant qu'on ne peut exiger d'un roi, d'abord absolu, qu'il devienne, du jour au lendemain, le type achevé du roi constitutionnel, on devait, vu la situation, le garder prisonnier, par raison d'état, jusqu'au rétablissement de la paix.

Voilà ce qu'il fallait faire du roi, au lieu de le tuer sur un échafaud. Le tuer, c'était laisser la royauté libre, hors de France, au milieu des armées ennemies, dans la personne du comte de Provence. C'était soulever tous les princes de l'Europe contre la révolution. Enfin, non-seulement c'était un crime, c'était une faute et **une** sottise.

Mais la passion, la routine et l'ignorance ne voient pas les choses ainsi ; elles vous disent (3ᵉ paquet) : *que les Prussiens et l'Europe entière frappaient à nos portes, demandant le rétablissement de Louis XVI, et que le seul moyen de s'affranchir de leur présence, c'était d'en supprimer la cause et le motif, en supprimant la personne du roi !*

A défaut d'autre qualité, l'argument pourrait avoir quelque logique, si les faits et les dates ne le détruisaient de fond en comble.

Non-seulement l'ennemi n'était pas à nos portes le 21 janvier 1793, mais les Prussiens avaient évacué la France, après Valmy (30 septembre 1792) ; mais Dumouriez avait conquis la Belgique, après Jemmapes ; Custine avait pris Trèves, Spire, Worms et Mayence ; Montesquiou avait envahi la Savoie ; le général Anselme, le comté de Nice ; enfin, nos armées, partout victorieuses, avaient pris partout l'offensive et la révolution était plus que sauvée, elle était triomphante ! Et l'Europe ne demandait qu'à capituler.

Donc, l'argument invoqué tombe lourdement devant les dates et les faits ; donc, la coalition de toute l'Europe ne fut nullement la cause, mais fut, au contraire, la conséquence de la mort du roi ; donc l'opinion commune sur la mort de Louis XVI n'est qu'une hérésie de plus à déplorer.

La cause véritable de sa condamnation est aussi simple qu'elle est misérable.

A l'ouverture de la Convention, la première question fut de savoir à qui, des Girondins ou des Montagnards, appartiendrait la Révolution.

De là cette émulation démocratique, qui commence par l'abandon de la tête du roi.

Comptant sur le refus de ses adversaires politiques, la Montagne n'a demandé cette tête à la Gironde que pour la dépopulariser par ce refus. Et la Gironde n'a livré Louis XVI que dans l'espoir de retenir une popularité, qui commençait à lui échapper. Tel est le motif principal—si ce n'est le seul—de ce crime odieux et inepte.

Passons à d'autres rengaînes, aussi importantes à signaler et à renvoyer dans le domaine des songes.

Ecoutons les plus modérées (4ᵉ paquet) :

La Terreur a été un mal, sans doute, mais un mal nécessaire. Puis, en somme, elle a plus servi la révolution qu'elle ne lui a nui.

Tel est l'oreiller élastique sur lequel la foule ignorante et routinière endort les remords instinctifs de sa conscience.

Mais tout cela est faux, absolument faux! et jamais plus sotte conclusion n'a été tirée d'une assertion plus inexacte!

(5ᵉ paquet). *Les excès de la révolution, d'abord, et la Terreur ensuite, ont été*, dit-on, *la conséquence fatale des événements…*

C'est ce que je nie de toutes mes forces. Et c'est tout le contraire!

La Terreur n'a pas été une *conséquence*, elle a été une *cause;* elle n'a pas été la *suite* et le *résultat* fatal des faits, elle en a été le *principe* et le *motif…* Et il nous est facile de le prouver. C'est une affaire de dates, tout simplement.

(6ᵉ paquet). On dit : « *C'est l'insolent manifeste de Brunswick qui a fait éclater l'insurrection du 10 août.* »

En effet, le manifeste a été connu, à Paris, le 28 juillet et précède, par conséquent, le 10 août.

Mais il ne faut pas oublier — *car tout est là* — que cet insolent défi n'est venu qu'après la violation des Tuileries, par la populace, au 20 juin, et qu'il n'en a été que la *suite* et la *conséquence*.

(7ᵉ paquet). On dit : « *C'est l'invasion des Prussiens, c'est la prise de Longwy et le siége de Verdun qui ont inspiré et motivé les massacres de septembre.* »

Rien, d'abord, ne peut ni motiver ni justifier le crime. Puis, on oublie encore (ou l'on fait semblant) que c'est seulement après le 10 août que l'invasion, si *longtemps indécise et irrésolue,* s'est enfin opérée et que Verdun a a été investi par les Prussiens.

(8ᵉ paquet). On dit : *C'est la coalition de l'Europe tout entière, c'est l'insurrection de la Vendée qui ont poussé, par suite d'un extrême péril, à des mesures extrêmes.*

Mais il faut dire, d'abord, que c'est seulement après l'exécution de Louis XVI que *toute* l'Europe s'est coalisée contre la France, ou plutôt contre la révolution et surtout contre ses excès.

Jusque-là l'Angleterre s'était montrée sympathique à la Révolution ; la Hollande, l'Espagne, le Portugal, le royaume de Naples, les cercles de l'Empire, etc., n'avaient pas pris parti contre elle. La Prusse et l'Autriche semblaient avoir assez, l'une de Valmy, l'autre de Jemmapes, et la paix générale était partout à l'ordre du jour.

Il ne suffisait pas que la France fût en république pour que l'Europe marchât contre elle. L'Europe avait admis et respecté cette forme de gouvernement en Suisse, en Hollande, en Amérique. Et elle eût respecté tout aussi bien la république française, si la république française avait su se respecter elle-même.

(9ᵉ paquet). On dit, enfin : « *que la grande orgie révolutionnaire, l'attentat du 31 mai contre les Girondins , leur exécution, celle de la Reine et de Mᵐᵉ Elisabeth, enfin la guillotine en permanence à Paris , les noyades de Carrier à Nantes, les dragonnades et les mitraillades en masse de Collot d'Herbois à Lyon, les massacres de Lebon, de Tallien et de Fréron à Arras, à Bordeaux, à*

Toulon, et cœtera..., ne sont que la conséquence fatale et forcée de l'insurrection des 73 départements. »

D'abord, ce seul fait de la réprobation des sept huitièmes d'un pays contre ses représentants prouverait suffisamment, par lui-même, que cette insurrection générale ne pouvait être que la conséquence d'un régime odieux, intolérable. Mais les *dates* nous dispensent même de tout raisonnement, car elles nous démontrent que c'est la proscription des Girondins (c'est-à-dire des derniers partisans de la modération, des derniers, mais trop tardifs défenseurs de l'ordre et de la loi) qui a été le signal décisif de cette immense insurrection.

Lisez les faits, vérifiez les dates, et vous serez bien forcés de vous rendre à l'évidence.

Donc, je le répète, après l'avoir prouvé :

Les excès de la révolution, la Terreur, ont été des *causes*, mais non des *conséquences*. Et ses dangers mêmes ont moins été la *raison* de ses violences qu'ils n'en ont été le *prétexte*.

Quel est donc le péril qu'elle n'eût pu conjurer sans recourir aux moyens extrêmes? Est-ce la première invasion de l'Autriche et de la Prusse en 1792?

Racontons les faits, raisonnons en même temps et nous allons bien voir :

A la suite des événements du 20 juin, les Prussiens sont entrés en France ; ils ont pris Longwy, ils assiégent Verdun, ils marchent sur Paris.

Des ennemis palpables à ses portes, des ennemis invisibles peut-être cachés dans ses murs, c'est trop de moitié ; — que faire?

— Ce qu'on a fait. Il faut d'abord s'éclairer sur l'existence et sur le nombre de ces ennemis internes... Et Danton ordonne les visites domiciliaires. Rien de plus sage et de plus juste, à mon avis.

Mais quel est le résultat de ces visites ? — La découverte de cinq mille *suspects*, non pas de cinq mille coupables, vous entendez bien, mais de cinq mille personnes déclarées suspectes par un gouvernement dont la confiance n'était certes pas le défaut.

Sur ces cinq mille prisonniers, dès le lendemain on en relâche deux mille, que l'on reconnaît avoir *suspectés* sans raison.

Restaient alors trois mille individus enfermés, gardés à vue, liés, garrottés, incapables de nuire, incapables de bouger. Il faut admettre (d'autant plus que c'est prouvé) que, sur ces trois mille personnes, il y avait, au moins pour moitié, des femmes, des vieillards et des enfants, tous êtres parfaitement inoffensifs. Restaient donc douze ou quinze cents hommes. — Mettons quinze cents.

Sur ces quinze cents individus, supposons que la moitié pût être réellement dangereuse à un moment donné... Que fallait-il en faire ? Les tuer ? les égorger sans jugement ? les faire écharper par la populace, et lui donner, par là, le goût du sang, l'habitude du meurtre, et le mépris des lois?

Il fallait, tout simplement, les garder sous clef et les faire juger légalement !

Vous voyez donc bien que les massacres de septembre ont été une violation des lois et une boucherie purement gratuites.

Appliquez le même raisonnement à tous les autres attentats de la Convention et vous arriverez toujours aux mêmes résultats : des meurtres inutilés, qui devenaient des *causes* de réaction, de coalition, d'invasion, et dont on s'obstine à faire des *conséquences*.

Nous avons donné le mot de la condamnation de Louis XVI; nous avons démontré comment la Convention pouvait sortir d'embarras sans faire tomber sa tête...

Maintenant, à quoi pouvait servir l'exécution de Malesherbes, — un vieillard ?—de Philippe-Egalité, — un prince, républicain? — de Biron, qui, de son épée démocratique, avait lui-même décapité Lauzun?... A quoi pouvait servir l'exécution de la Reine, —une femme ? – de Mme Elisabeth, —une sainte ?— des vierges de Verdun, —des jeunes filles, des enfants ? — A quoi ?... si ce n'est à redoubler la fureur des partis et l'indignation de l'étranger ?

Ces attentats ne peuvent donc être considérés que comme un défi jeté à l'Europe et à l'humanité.

Et, après ce défi, *jeté par elle*, la Convention décrétait : qu'il fallait redoubler de vigueur révolutionnaire pour faire face au danger !

Au danger, oui ; mais quel danger ? Celui qu'elle s'était créé elle-même gratuitement sans nécessité, sans motif, par ses fautes et par ses excès.

(10e paquet). Soit, dit-on ! mais enfin *la convention a sauvé la France* !

Ah ! oui : « Je jure que, tel jour, j'ai sauvé la patrie !... » Mais, pardon : Peut-on dire de quelqu'un qui nous a poussé, puis retenu, qu'il nous a empêché de tomber ?

Eh bien! la Convention est dans le même cas ; elle n'a pas sauvé la France ; elle l'a poussée, puis retenue. Rien de plus.

Et vous savez par quels moyens : par les réquisitions et le maximum, etc., c'est-à-dire par la violence et l'arbitraire.

Et, d'ailleurs, ce n'est même pas l'énergie révolutionnaire qui a préservé le pays, c'est une providence, c'est un miracle : c'est le génie de Dumouriez ; puis, celui de Hoche et de Pichegru, et c'est, par-dessus tout, l'inertie inconcevable, incompréhensible et l'incapacité militaire des généraux ennemis.

De même que, de nos jours, ce n'est pas l'armée prussienne qui a *gagné* la bataille de Sadowa, ce n'est même pas le fusil à aiguille : c'est le général Bénédeck qui l'a *perdue!*

Les événements, les dangers courus et leurs causes réelles sont, je crois, maintenant bien définis.

Mais enfin, dira-t-on, pourquoi tant de sang?

pourquoi tant de meurtres? quelles en sont les raisons principales ? Car, bonnes ou mauvaises, il doit y en avoir.

Oui, certes, il y en a ; il y en a trois dominantes.

D'abord, l'INCAPACITÉ POLITIQUE. Car si quelques-uns, comme Sièyes et Condorcet, avaient des qualités de législateurs ; si d'autres, comme Merlin (de Douai), Treilhard, Chapelier, Thouret, étaient des jurisconsultes ; si Carnot était un organisateur, et si, enfin, Cambon avait des capacités financières... pas un, depuis la mort de Mirabeau et de Brissot, pas un n'était un homme d'Etat.

La seconde raison, c'est la PEUR. Oui, la peur, la peur aveugle, la peur folle, la peur des moutons qui se faisaient bouchers pour ne pas être victimes !

Oui, depuis le 10 août 92, jusqu'au 9 thermidor 94, la Convention a fait peur à la France, parce qu'elle avait peur elle-même des jacobins et des hommes de septembre...

Oui, c'est là une des principales causes de la Terreur et je suis bien forcé de la constater. — Mais, pour ce qui est d'y voir une excuse, pour ce qui est de tresser des couronnes au citoyen Barrère et à ses pareils... on trouvera bon que je m'en abstienne.

C'est une honte de plus, voilà tout !

Enfin, il est une troisième raison, que nous avons déjà indiquée en passant et qui domine peut-être toutes les autres : LA SOIF DU POUVOIR ET DE LA POPULARITÉ !

Non pas de cette popularité, justement enviable, qui ne veut s'exercer que sur les gens de bien ; mais de la popularité sur l'écume, sur la lie du peuple ; c'est-à-dire sur la populace, sur la crapule ; c'est-à-dire, enfin, sur ce qu'il y a de plus infime et de plus vil dans un pays !

Oui, Messieurs, voilà à quelles divinités la Commune, la Montagne, la Plaine complaisante ou asservie, et les Girondins les premiers ont immolé tant de victimes !

— Qu'est-ce que l'attentat du 20 juin contre la royauté ?

— L'œuvre des Girondins.

— Pourquoi ?

— Pour se venger de la chute de leur ministère et pour conserver leur popularité, menacée par celle de Robespierre et de Danton.

— Et leur popularité, sur qui ?

— Sur la canaille, puisque c'est à elle, puisque c'est aux *piques* et non aux *sections* qu'ils se sont adressés pour faire leur coup !

— Pourquoi ont-ils abandonné la tête du roi, en dépit de leurs instincts et de leurs remords, déjà évidents ?

— Toujours et toujours pour le même motif : pour conserver à tout prix et le pouvoir et la plus honteuse des popularités.

— Ils se sont repentis ensuite et ils ont réagi de toutes leurs forces !... me dit-on.

— Je le sais. Et je ne dis pas qu'ils fussent de mauvais cœurs, non mais de pauvres cervelles ! Puis, l'exemple était donné, donnée l'impulsion, l'abîme était creusé.

— Pourquoi, une fois lancé dans cette voie, qu'ils avaient tracée, Robespierre est-il allé plus loin qu'eux ? pourquoi leur a-t-il coupé la tête ?

— Pour se débarrasser de rivaux supérieurs en talent et en éloquence ; pour augmenter encore sa popularité.

— Mais sa popularité, sur qui ?...

— Sur les cordeliers, sur les jacobins, sur les sans-culottes, sur les tricoteuses, et autres clients de la même espèce.

— Pourquoi, plus tard, a-t-il envoyé dans l'horrible panier les têtes d'Hébert, de Chaumette et consorts ? C'étaient pourtant de vrais sans-culottes ceux-là et de fiers démagogues ?...

— Parbleu ! ils ne l'étaient que trop !... ils menaçaient de lui arracher son empire sur sa chère populace, et voilà pourquoi il a trouvé bon de s'en défaire. — Du reste, s'il ne faut pas lui en savoir gré, on peut du moins lui en tenir compte.

— Pourquoi, enfin, Robespierre a-t-il frappé de sa hache des patriotes, tels que Danton et Camille Desmoulins? (Ce n'est pas un reproche, au moins! ce n'est qu'une question.)

— Ah! c'est que le moment approchait de jeter le masque et d'arborer officiellement une dictature, qu'il n'exerçait encore que de fait; c'est que ces gens-là pouvaient faire obstacle au Cromwel d'Arras et il les a supprimés, — comme de simples aristocrates.

Tâchez de vous dépouiller un instant de l'opinion que vous pouvez avoir; puis, relisez, fouillez, tordez l'histoire!... Et si, depuis le 20 juin 92, inclusivement, jusqu'au 9 thermidor 94, vous trouvez à un fait politique, un peu saillant, une autre cause que : l'incapacité politique, la peur ou la soif dévorante du pouvoir et de la popularité la plus vile... je recommencerai mes études sur cette époque ; car voilà tout ce qu'elles m'ont donné.

———

Il est probable que la façon un peu cavalière dont je me suis permis de traiter la populace aura scandalisé quelques avocats du parti. Et déjà je les entends d'ici :

« Mais, profane que vous êtes, disent-ils,
» vous ne savez donc pas, vous n'avez donc
» pas compris que les hommes de la Mon-
» tagne voulaient une république exclusive-
» ment *démocratique*, et que, par consé-
» quent, ce qu'ils devaient exalter avant
» tout, c'était la multitude, la populace, si
» vous l'aimez mieux ? »

— Pardon, citoyen, je sais cela. Mais pourquoi donc cette suprématie de la populace ?

Qu'est-ce donc que la populace, pour qu'on lui témoigne tant de respect ?

N'est-ce pas la classe la plus arriérée, la plus grossière, la plus besoigneuse et la plus ignorante d'un pays ?

— Oui ; mais pourquoi est-elle tout cela ? justement parce qu'elle est pauvre et ignorante ; ignorante, parce qu'elle est pauvre ; pauvre, parce qu'elle est ignorante ; et devez-vous lui faire un crime de cette ignorance et de cette misère ?

— Non ; mais je ne saurais non plus lui en faire une vertu !

— Instruisez-la et elle sera votre égale !

— Eh ! qu'on l'instruise ! j'y consens, je le souhaite même de toute mon âme ; mais, tant que le législateur n'aura pas comblé la distance qui sépare l'ignorance de l'éducation, cette distance existera, bon gré mal gré ; et ce n'est point par des têtes coupées qu'on pourra jamais la combler !

Et puis, croyez-moi, monsieur l'avocat, la loi aura beau s'escrimer, elle ne fera jamais que l'intelligence, l'activité, la raison, l'amour du travail soient répartis, à doses égales, entre tous les enfants d'un pays. Il y aura toujours des joueurs et des ivrognes, des paresseux et des libertins.

Mais, comme je suis beaucoup plus démocrate que vous, ou plutôt comme je le suis dans des conditions plus équitables, je consens à ce que tous les hommes soient égaux, *devant la loi ;* à ce que, devant elle, mon *inférieur* soit mon *égal* (vous voyez que je fais bien les choses) ; mais mon *supérieur ?* vous voulez rire, n'est-ce pas ? — oui ?

Eh bien ! allez en paix et n'oubliez pas qu'une république purement *démocratique* n'est qu'une république *aristocratique*, retournée de bas en haut, voilà tout, et que, quand on ne veut pas de celle-ci, il y a encore moins de raisons pour vouloir de celle-là.

C'est pour avoir ignoré ou méconnu ces vérités élémentaires que les sans-culottes nous ont ramené à l'*ancien régime*.

Leur inquisition s'appelait : visites domiciliaires ; leurs lettres de cachets, — des mandats d'amener ; leur Bastille, — la Conciergerie ; leurs dragonnades et leurs bùchers, — l'échafaud. Voilà la seule différence. Au fond, c'était la même chose : la tyrannie ; or :

> Quelle vienne d'en haut, quelle vienne d'en bas,
> Elle est la tyrannie, et je ne l'aime pas !
>
> (PONSARD.)

Ce qui fait la force et la grandeur de 89, ce qui a rendu ses principes impérissables, c'est qu'il a *nivelé ;*

Ce qui a fait la petitesse de 93 et ce qui a tué la République, c'est qu'elle a détruit ce *niveau*, c'est qu'elle a voulu substituer, à une suprématie qui n'avait *plus* de raison d'être une suprématie nouvelle qui n'en avait pas ; en un mot, c'est qu'elle a sacrifié *la nation au peuple* et la fortune à l'indigence.

— Et qu'est-ce donc que la fortune, *en principe ?*

En principe, c'est le fruit du travail, de l'intelligence, de l'activité, pour les parvenus ; et, pour leurs enfants, la conservation de cette fortune est le résultat de l'ordre, de l'économie et des bonnes mœurs.

Qu'y a-t-il donc là de si condamnable?

— Rien. Mais celui qui est riche a de grands avantages sur celui qui est pauvre. Il est plus facile d'augmenter une fortune que de la constituer.

— C'est vrai ; mais enfin il n'est pas absolument impossible de s'enrichir ; et la preuve en est dans la fortune elle-même qui, avant d'être augmentée ou conservée, a dû être créée par quelqu'un.

Puis, où voulez-vous en venir? à la loi agraire, au partage, comme Saint-Just et Babeuf?

Mais vous savez bien qu'au bout d'un jour, au bout d'une heure, ce piteux équilibre serait détruit et que le travail aurait reconquis ses droits sur la paresse!

Enfin, ce possesseur, — qui, au fond, vous inspire plus d'envie que de haine, — si c'était vous? Et si vous deviez la fortune à vos labeurs ou à la prévoyance de vos parents, que diriez-vous à celui qui viendrait vous en faire un crime? Vous le savez bien, n'est-ce pas? — Moi aussi !

Et il est fâcheux que les gens de 93 n'aient pas cherché à élever, par l'éducation, tous les citoyens au même niveau intellectuel, au lieu d'abaisser ce niveau et de porter une main sacrilége sur la preuve la plus éclatante du travail et de l'industrie.

Mais ceux d'entre eux, qui passaient pour les plus lucides, que l'on traitait même *d'hommes d'État* (9e paquet), ceux-là se démenaient dans les ténèbres, ou ne soulevaient que des chimères.

Un jour, Danton sort furieux d'une séance des Jacobins.

— Qu'as-tu donc, citoyen ? lui demande un des habitués de l'endroit.

— « Eh ! ils sont là un tas de bavards, qui » délibèrent toujours !... Les imbéciles ! A » quoi bon tant de paroles, tant de débats, sur » la Cons-ti-tu-tion, tant de façons avec les » aristocrates et les tyrans ? Faites comme eux ; » vous étiez dessous, mettez-vous dessus. » Voilà toute la révolution ! » (*Historique.*)

— Comment, vous avez dit cela, *homme d'État* ?... mettez-vous dessus ?

Mais, quand il y a quelqu'un dessus, c'est qu'il y a quelqu'un dessous, et alors que faites-vous de l'égalité ?

Puis, pour être conséquent avec vos paroles, celui qui se trouve dessous doit chercher, à son tour, à se remettre dessus, et ainsi de suite ; ce qui donne, au total, le despotisme et l'anarchie. Et c'est ainsi, en effet, que depuis 92, la révolution a été comprise par le peuple et par ses tribuns.

— « Vous étiez dessous? mettez-vous de pair!... aurait dit Mirabeau. »

Et, alors, la justice et la raison n'auraient pas perdu leur empire, et la hache n'aurait pas remplacé la loi.

Mais les hommes d'État de 93 n'y regardaient pas de si près.

Danton, un homme d'État!

— En quoi? quand? comment?

— Il a eu l'audace.

— Oui, et, à un moment donné, c'est lui qui a imprimé à la révolution le plus d'impulsion... quand la seule difficulté, si bien sentie par Mirabeau, était, au contraire, de la modérer à tout prix.

Il a eu l'audace de septembre... qui a été le premier coup de massue porté à la révolution, — après avoir été le premier coup de couteau porté à la justice et à l'humanité.

Enfin, il a poussé assez loin l'énergie de la résistance contre l'invasion... danger *qu'un homme d'État* eût conjuré par la modération et n'aurait pas eu à combattre !

Et après ?... Il n'a pas même eu l'audace de tenter, contre Robespierre, ce qu'ont pu accomplir, au 9 thermidor, un Tallien et un Collot-d'Herbois ! — Et l'imprévoyance de cet *homme d'État* lui a tout simplement coûté la tête.

Les hommes d'État sont ceux qui gagnent leurs parties ; et ceux-là s'appellent Richelieu, Mazarin, Mirabeau, Pitt, Cavour et Bismark.

Ceux qui les perdent, comme les Danton, les Robespierre, les Polignac et les Guizot... ceux-là ne sont que des brouillons, des rêveurs, ou des hommes qui prennent l'entêtement pour du caractère et le dédain pour la supériorité.

Puisque, à propos de Danton, nous avons introduit Robespierre, il est bon de le garder un peu.

Était-il aussi un *homme d'État*, ce disciple borné de Jean-Jacques? qui semble avoir lu le *Contrat social* par dessus l'épaule de son maître, qui l'interpréta comme un sot, et qui l'appliqua comme un fou.

Aux yeux de Rousseau lui-même, le *Contrat social* n'a jamais été qu'une ébauche et qu'une utopie. Et la preuve en est dans le plan de constitution qu'il traça pour le roi de Pologne et qui ressemblait à ce fameux contrat comme une ville, faite pour des vivants, peut ressembler à une nécropole. — (Robespierre n'a jamais dû lui pardonner cette désertion.)

Traiter un paradoxe, une rêverie comme une vérité, en faire son code, son évangile, et l'inoculer ensuite à son pays à coups de marteau, à coups de hache... telle a été l'œuvre de Robespierre, comme législateur.

Asseoir sa popularité sur les débris de celle de ses rivaux ; l'étendre chaque jour davantage par tous les moyens, au prix des contradictions les plus flagrantes et des volte-faces les plus impudentes... tel est le seul but qu'il ait paru se proposer, comme politique.

Suivons un peu dans tous ses méandres le cours de ses prétendues convictions :

Réformateur excessif et libéral outré, sous la Constituante, où l'ascendant des Mirabeau, des Barnave offusquait son obscurité, on le voit, — (aux Jacobins) — sous l'Assemblée législative, constitutionnel et pacifique, — pour contre-balancer l'influence des Girondins, qui poussaient à la vigueur et à la guerre.

Puis, sous la Convention, les Girondins se prononçant contre les excès, nous retrouvons en lui le démocrate de la Constituante.

Nous le voyons ensuite immoler Hébert et Chaumette, au nom de la modération, puis, enfin, Danton et Camille, sous prétexte de *modérantisme*.

Pour se débarrasser de ses adversaires, il invoquait indifféremment l'exagération, la réaction et même la clémence !

Si Tallien lui eût prêté vie, il eût sans doute dénoncé Saint-Just lui-même, au nom... de n'importe quoi!... « Mais Saint-Just l'eût pré- » venu ! » comme le dit si bien Lanfrey, dans ses *Essais sur la révolution.*

Ainsi donc, dogmatique et systématique, d'une part, versatile et inconséquent, de l'au- tre, ambitieux par envie, et moins ambitieux peut-être qu'avide d'une popularité vulgaire : *ecce homo !*

— « Mais il était incorruptible ! » ne cesse- t-on de me répéter.

— Singulier pays ! où l'on est venu à consi- dérer « un simple devoir » comme « une vertu. »

———————

Abordons un autre lieu commun des plus répandus et voyons si la sagesse des nations est vraiment la sagesse humaine.

(11ᵉ paquet). *En révolution, on ne peut exiger des masses la raison, la justice et le sang-froid.*

Puis, le peuple avait à se venger de dix siècles d'oppression et de souffrances.

— Pourquoi donc ce besoin de vengeance? Et de qui donc le peuple avait-il à se venger?

— Du roi le plus vertueux et le plus libéral qui se fut jamais assis sur un trône? Lui faire payer la révocation de l'édit de Nantes et les dragonnades des Cévennes, le parc aux cerfs et les débordements de Louis XV ; à lui, le plus tolérant et le plus chaste des hommes? Ce n'était vraiment pas indispensable, et ce n'était ni logique, ni juste.

Se venger de la noblesse, alors? Mais nous avons déjà dit plus haut qu'on ne peut se venger raisonnablement que des principes et non des individus. — Or, le privilége n'était qu'un principe qu'il fallait combattre et détruire ; et, le *principe* détruit par la loi, les *individus* rentraient dans la classe des citoyens.

Je ne puis voir dans toutes ces vengeances

qu'une fureur injuste, aveugle, et une lâcheté traditionnelle et séculaire, qui réagit sur elle-même par une lâcheté inverse.

Mais, il faut bien le dire, les hommes sont lâches dans le fond, lâches contre leur ennemi, quand il est debout et qu'ils rampent à ses pieds, plus lâches encore quand il est à terre et qu'ils viennent l'achever.

Puis, ils trouvent plus doux, pour leur amour-propre, d'accuser leur chef de tyrannie que de s'accuser franchement — de leur bassesse.

« Car il n'y a pas de tyrans, il n'y a que des esclaves ! » Ce n'est pas le despotisme *d'un seul* qui peut engendrer l'esclavage *de tous*, c'est la servilité de tous ou du plus grand nombre qui, seule, peut enfanter le despotisme et surtout le laisser grandir.

Donc, le peuple est responsable, et des excès du maître qu'il s'est donné ou qu'il a subi, et de ses excès personnels ; — dans ce dernier cas, il les commet, il en est l'auteur ; — dans le premier, il les laisse commettre, il en est le complice.

C'est bien facile de crier au despote et au tyran ! — mais ce n'est pas sérieux ; ou vous voulez être opprimés, ou vous ne le voulez pas. — Si vous l'avez voulu, de quoi vous plaignez-vous? Si vous ne le voulez pas, pourquoi le souffrez-vous, quand, pour vous affranchir, il vous suffit de relever la tête ?

On m'objectera peut-être que les prétendus tyrans ont pour eux l'armée, les fonctionnaires publics. Mais qu'est-ce donc que les fonctionnaires et que l'armée?

Une fraction du peuple, sortant de son sein et y rentrant, alternativement, c'est donc le peuple lui-même.

Or, quand l'armée et le fonctionnaire tiennent pour le gouvernement, c'est que le plus grand nombre est pour lui ; alors, il n'y a pas de despotisme, ou il n'y a qu'un despotisme volontairement subi.

Mais quand un gouvernement a véritablement déchu dans l'affection du plus grand nombre, il se trouve avoir, implicitement, déchu dans l'affection des corps constitués. Et alors... alors, il tombe et disparaît!

Lisez l'histoire, daignez seulement vous souvenir et vous reconnaîtrez avec moi que le peuple peut avoir à souffrir un instant de la servitude ; mais que lorsqu'il *en souffre* véritablement, il n'a plus longtemps à la subir.

Voilà bien des critiques et la critique est aisée. — On me dira que les temps étaient difficiles, exceptionnels, inouïs ; on me demandera peut-être aussi ce que j'aurais fait si j'avais été à la place de ceux que j'accuse ; on me demandera enfin de conclure...

Concluons donc :

Oui, assurément, les temps étaient difficiles. Mais si le temps peut agir sur les hommes, le temps n'est qu'une abstraction et ce sont, en définitive, les hommes qui font les situations.

Donc, tous les excès commis ne l'ont pas été en raison du temps, mais de par les hommes ; et s'il faut faire la part des passions à de certaines époques, je dis qu'il faut réserver aussi — et avant tout — les droits imprescriptibles de la raison, de la justice et de l'humanité.

Je dis que rien ne peut jamais absoudre la désertion de la loi par le législateur et de l'autorité par le pouvoir.

Et c'est en révolution, en république surtout, que le pouvoir et la loi doivent être inviolables et inflexibles, attendu que le pouvoir c'est le peuple lui-même, et que faire respecter le mandat, c'est faire en même temps respecter celui qui le donne.

Or, l'Assemblée législative et la Convention, surtout, devaient passer évidemment pour l'expression des vœux du pays. Alors, ces assemblées devaient, avant tout, donner l'exemple du respect à la constitution et forcer le peuple à se respecter dans la personne de ses représentants.

Aussi, lorsque, débordés par Danton *au 2 septembre*, les Girondins purent sonder la profon-
deur du gouffre, ils devaient tenter un effort suprême et désespéré. Quand la loi et l'humanité
étaient indignement violés dans Paris, à leurs
yeux, par les excès de la populace, ils devaient
s'efforcer de combler l'abîme à tout prix, fût-ce
en s'y précipitant eux-mêmes, comme ce Ro-
main que vous connaissez !

Au lieu de se contenter de récriminations
vagues et de protestations molles et indécises,
ils devaient s'armer de leur éloquence la plus
fougueuse et la plus décisive ; emporter d'as-
saut l'assemblée, — *qu'ils dominaient encore ;*
— enlever, arracher, séance tenante, des dé-
crets explicites et vigoureux ; puis, s'élançant
en masse du manége, les armes à la main, les
tambours en tête, réunir eux-mêmes les sections, les bons citoyens... et ils auraient en-
traîné à leur suite Paris, tremblant, mais indi-
gné, qui n'attendait, pour sortir de sa torpeur,
qu'un signal et qu'un chef ! Ils auraient couru
sus aux égorgeurs ; ils les auraient désarmés,

capturés, enfermés, jugés. —(Car il faut toujours juger, même des septembriseurs!) — Ils auraient fait, enfin, lorsque rien n'était plus facile, ce que les thermidoriens ont fait plus tard, contre Robespierre, lorsque celui-ci disposait de la Convention par les comités, des faubourgs et de l'émeute par les clubs et par la commune, de la force armée par Henriot, de la France entière par la Terreur et la guillotine ; lorsqu'enfin la tentative de Tallien paraissait chimérique, impossible. — Et pourtant elle a réussi !

Voilà ce que devait tenter la Gironde, — ne fût-ce qu'en expiation du 20 juin !

Cette petite exécution faite (c'est-à-dire le temps seulement de la résoudre), ils auraient fait désarmer les faubourgs par la ville, les sans-culottes par les sections (comme on l'a fait plus tard, en prairial), puis ils auraient fermé, une fois pour toutes, le foyer permanent de la démence et de l'anarchie, — c'est-à-dire les clubs.

Des clubs ! Si ce n'est en temps d'élections, qu'est-ce que cela peut signifier ?

Comment! un peuple tout entier nomme directement ses mandataires, après les avoir choisis lentement et à son gré ; il dépose en leurs mains ses pouvoirs, comme aux mains des plus dignes ; il leur confie le soin de faire des lois à tête reposée, de les faire respecter ensuite...

Et voilà qu'un ramassis d'oisifs, d'ignorants et de gens sans aveu vont régenter, chaque jour, les représentants de la nation ?... Leur imposer, au hasard, des inspirations puisées dans une bouteille de vin bleu et des plans tracés, d'une plume vacillante, sur quelque table de cabaret ?

Allons donc ! Une députation qui se respecte elle-même et qui respecte en elle son pays, doit écraser ces choses-là sous ses pieds, ou se faire écraser par elles !

— Le club, c'est la pépinière de l'émeute — la caserne de l'insurrection — le camp retranché de l'anarchie !

Les clubs fermés, la Convention confirmait la déchéance du roi et gardait sa personne en otage, au lieu de la supprimer vainement.

Et la République se présentait aux nations pure et sans tache, au lieu de lui apparaître, dès son aurore, avec des mains souillées de sang.

Les peuples auraient regardé cette vaillante parvenue du progrès avec un étonnement mêlé de respect, les rois avec une crainte salutaire, au lieu de la contempler, peuples et rois, avec horreur, avec épouvante !

L'Angleterre, et les puissances de deuxième ordre n'avaient plus de raison pour donner à la première coalition une adhésion *si long-temps ajournée* ; la Prusse et l'Autriche, déjà si timorées, si indécises, le seraient deve- nues bien plus encore, en se trouvant seules contre une nation guerrière, debout, armée, prête à mourir pour le salut de sa liberté.

Enfin, si la république se fût établie sans toutes ces convulsions — volontaires, — l'Eu- rope aurait bien été forcée de s'incliner devant elle, et je ne vois pas pourquoi elle eût cessé d'exister, — tant qu'elle se fût maintenue dans des conditions d'être.

———

— Fort bien, me dira-t-on, mais tout cela n'est qu'une hypothèse.

— Dame, que voulez-vous que ce soit ? Ce ne peut être, évidemment, qu'une présomption, mais une présomption basée sur des probabilités raisonnables.

Maintenant, admettons que, quoi qu'elle eût fait, la république eût péri quand même. Eh bien ! elle n'eût fait que subir le sort de la république rouge, — mais elle eût eu, pour elle et pour la France, cet inestimable avantage de périr victime et innocente.

Puis, il est des cas où les résultats deviennent des preuves de la qualité d'un système. Or, quand un système tue successivement tous ses partisans et s'affaisse lui-même dans leur sang, la première conséquence à tirer de ce désastre : c'est que le principe est vicieux, ou l'application intempestive.

Et si cette assertion peut passer pour une vérité, c'est assurément lorsqu'on l'applique à la Terreur, où toutes les catastrophe ont découlé des fautes et des crimes d'une façon si logique, si inflexible et où le châtiment a suivi l'attentat de si près.

Les Girondins enchaînent la loi et déchaînent le peuple, au 20 juin 92 ; ils abandonnent la tête du roi, au profit de leur popularité. — Et Robespierre se sert contre eux, au 31 mai, des armes qu'ils lui ont forgées, c'est-à-dire de l'émeute, et du silence de la loi qu'ils avaient bâillonnée.

Danton fait septembre, au nom de la vigueur révolutionnaire ; et, au nom de cette même vigueur, invoquée par lui, Robespierre l'envoie à la mort.

Hébert et Chaumette osent porter la main sur la liberté de conscience, et imposer « le culte de la raison. » Et Robespierre, violentant la conscience en sens inverse, les envoie com-

paroir, leurs têtes à la main, devant le tribunal
« de l'Être suprême ! »

Enfin, bravant toutes les règles et comblant
toute mesure, Robespierre arrache à la Convention un décret qui met dans ses mains la
vie de tous les représentants ; et c'est, armé de
ce même décret, que Tallien l'envoie rejoindre
ses victimes.

Donc, à défaut de tous les arguments que
nous avons fait valoir, la condamnation de
l'échafaud érigé en système ressortirait suffisamment du trépas de la république et de
l'extermination des républicains.

Les Girondins ont ouvert la porte à l'é-
meute, Danton au crime ; mais ils sont re-
venus les premiers à la raison, à la justice
et à la clémence ; qu'il leur soit donc par-
donné devant Dieu, en faveur de leur re-
pentir.

Mais ceux qui n'ont jamais eu un temps d'arrêt dans le crime, un battement de cœur, un mouvement de pitié : les Marat, les Carrier, les Robespierre, les Saint-Just, les Barrère, les Fouquier-Thinville, les Collot et les Billaud, les Lebon et les Lebas... que ceux-là soient à jamais maudits devant Dieu et devant les hommes ; que leur nom soit à jamais leur opprobre, la honte de la Convention complaisante et le remords de Paris complice !

Je me résume :

Nous avons eu deux révolutions bien distinctes et qu'il n'est pas permis de confondre : celle de 89 qui a détruit l'ancien régime et fondé la liberté et l'égalité, et celle de 93 qui a détruit ce nouveau régime et n'a fait que *retourner* l'ancien, en substituant la suprématie de la foule à celle de la noblesse.

La première est la gloire impérissable de la France ;

La seconde sera sa honte et sa flétrissure éternelles.

———

On dit qu'il faut être reconnaissant aux hommes de 93 de leurs odieux services, parce qu'on en a profité.

C'est faux ; il n'y a eu ni services, ni profit. La Terreur a tué la République, en tuant la justice et la liberté.

Et, d'ailleurs, les services de ce genre sont de ceux, au contraire, pour lesquels on *doit* être ingrat, même quand on en profite ! — Un homme tue mon père, j'hérite, je profite du crime et je maudis l'assassin !

———

La nation n'a eu à se venger, en 89, ni des nobles, ni de sa longue servitude.

Car le peuple n'a jamais à se venger, — attendu qu'étant toujours plus nombreux et plus fort que ses oppresseurs, il est responsable et des attentats qu'il commet et de ceux qu'il laisse commettre. Le peuple combat pour ses droits, les fonde par sa victoire et se venge en les exerçant. — Voilà la seule vengeance logique et permise.

En 89, le peuple n'avait donc qu'à déchirer les titres de la noblesse et à rayer ses priviléges au nom de l'égalité.

Et toujours au nom de cette égalité, qui doit luire pour tout le monde, le *peuple* n'a jamais eu le droit de s'imposer à la *nation*, ni la *pauvrété* celui de s'attaquer à la *richesse*, cette preuve et cette récompense du travail et de l'économie.

Pour ce qui est de vouloir s'armer des excès de la royauté pour les imiter, pour les dépasser, c'est sottise : ou ces excès n'étaient pas des crimes, et alors on ne devait pas les punir ; ou ils en étaient, et alors on ne devait pas les imiter, après les avoir réprouvés et punis.

C'est donc en vain que l'on invoquerait comme excuses l'Inquisition, la Saint-Barthélemy, les Cévennes, la révocation de l'édit de Nantes, les lettres de cachet, etc... en face d'une révolution qui n'a été entreprise qu'en haine de ces abus et de ces forfaits et pour en rendre le retour impossible.

Les violences de la révolution : le 20 juin, le 10 août, le 2 septembre, le 21 janvier, le 31 mai, la Terreur et la guillotine n'ont pas été un *mal nécessaire*, mais des *fautes* grossières, des *crimes* gratuits et odieux ; ils n'ont pas été des *conséquences fatales*, mais des *causes premières* ; et les événements, au contraire, c'est-à-dire la réaction, la coalition et l'insurrection des départements n'ont pas été des *causes*, mais des *conséquences*.

La cause du manifeste et la cause première de tous nos maux, c'est le 20 juin ;

La cause de la première invasion, c'est le 10 août ;

La cause de la deuxième, c'est le 2 septembre et le 21 janvier ;

La cause de l'insurrection des départements, c'est la proscription de la Gironde, couronnant tout cela et couronnée elle-même par la Terreur ;

Enfin, la cause de la réaction thermidorienne, c'est la démence, la fureur et une tyrannie abjecte arrivées à leur paroxysme. Et les causes morales de toutes ces causes matérielles sont : l'incapacité politique, l'orgueil, l'ambition individuels, la peur et la poursuite à outrance d'une popularité misérable. — Il n'y en a pas d'autres.

Depuis le 10 août 92 jusqu'au 9 thermidor 94, la Montagne a eu peur de la populace. Elle s'est faite son humble servante, tant pour lui échapper que pour rester son idole, et elle a fait trembler la France de la peur dont elle tremblait elle-même ! — Voilà toute l'histoire de la révolution du 10 août au 9 thermidor.

La république ultra-démocratique n'a jamais eu, n'a pas encore et n'aura jamais le droit de s'imposer à une nation, attendu que, tant que la masse du peuple sera plongée dans l'ignorance, elle ne pourra se faire un titre de supériorité de son infériorité intellectuelle, et que, quand elle sera éclairée, elle ne sera qu'au niveau de la nation et n'aura pas le droit de dominer son égale.

Sous tous les régimes, quels qu'ils puissent être, et surtout en république, le peuple doit se respecter lui-même dans la personne de ses représentants, qui, à leur tour, doivent faire respecter en eux la nation.

———

Enfin, quel qu'il soit, le pouvoir doit être fort et inviolable, sinon il n'est plus le pouvoir et il cède le pas à l'anarchie.

———

J'ai bien étudié, bien réfléchi, bien cherché... et je ne saurais trop le répéter : la Terreur a été un crime gratuit, insensé, odieux, misérable... et n'a été qu'un dissolvant pour la révolution et le progrès.

Et il résulte de l'ensemble de cette révolution que ses instigateurs seuls étaient de grands esprits et de nobles âmes, mais que ceux pour qui elle a été entreprise n'étaient nullement à sa hauteur et n'en étaient pas dignes.

Donc, en dépit des lieux communs, des phrases banales et des paquets tout faits, « que 89 soit à jamais notre exemple et 93 notre leçon ! »

CONCLUSION.

———

La seule chance pour nous — la seule, entendez-vous? — de ne pas voir renaître, à un moment donné, ces jours néfastes, c'est de les bien faire connaître à ceux qui ne les connaissent pas ou qui les connaissent mal et qui mettent sur le compte des temps ce qui n'a été que la faute des hommes.

Voilà pourquoi j'ai écrit ce petit ouvrage.

Et maintenant, messieurs les voltigeurs de 93, vous voici forcés, ou de renier vos idoles, ou de les confesser franchement. Et, alors on pourra juger de l'Église par les saints qu'on y adore... et l'on se pressera peut-être un peu moins d'y entrer.

D^r G.

———

Paris. — Imp. de E. Donnaud, rue Cassette, 9.

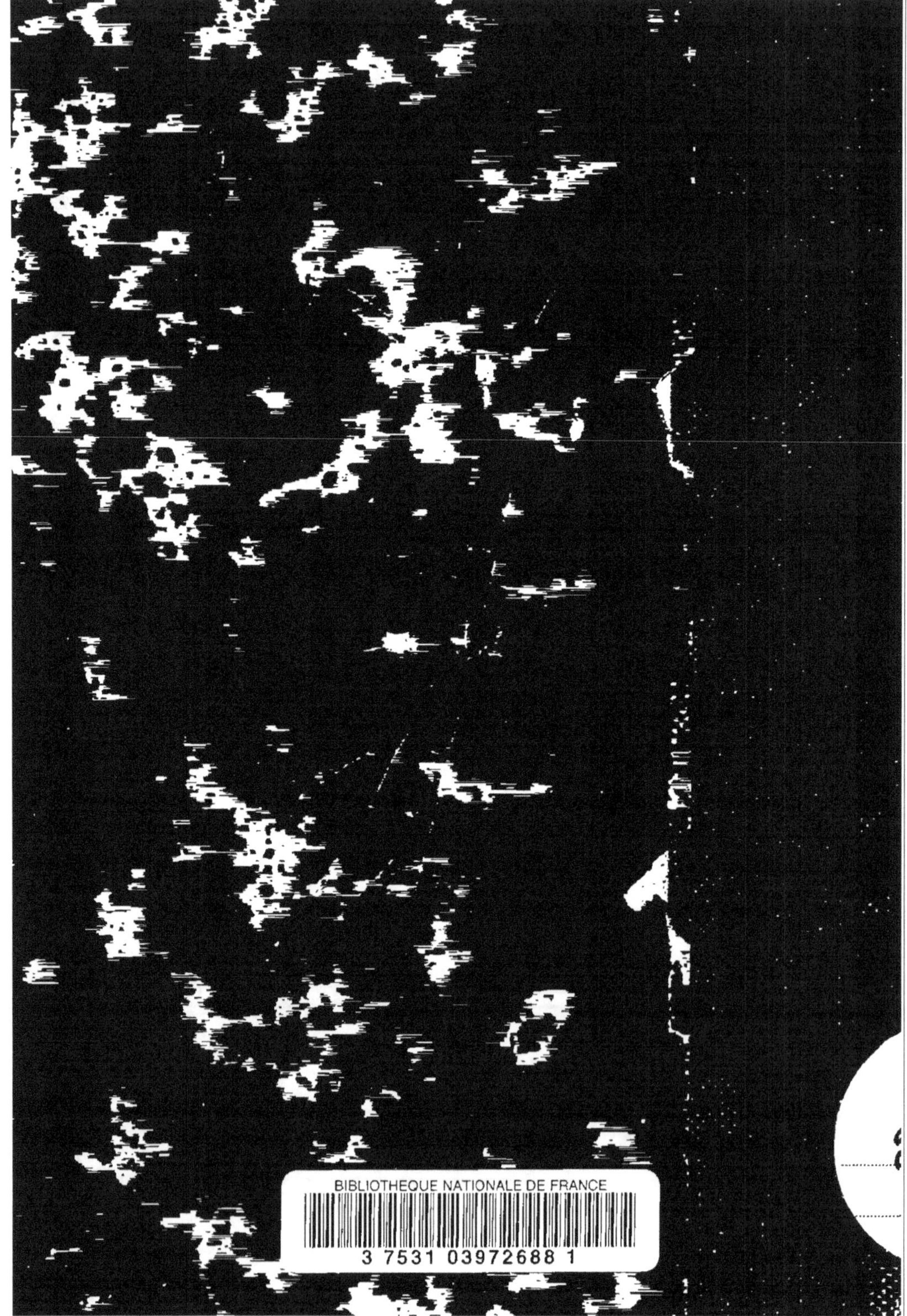